Schott Piano Classics

Anton Diabelli
1781 – 1858

Melodische Übungsstücke

im Umfang von 5 Tönen

Melodious Exercises
in the 5-Note Range

Pièces mélodiques
sur 5 notes

Klavier vierhändig
Piano Duet
Piano à quatre mains
opus 149

Herausgegeben von / Edited by / Edité par
Monika Twelsiek

CD: Hanni Liang & Inge Du

ED 9009
ISMN 979-0-001-11510-0

www.schott-music.com

Mainz · London · Berlin · Madrid · New York · Paris · Prague · Tokyo · Toronto
© 2009 SCHOTT MUSIC GmbH & Co. KG, Mainz · Printed in Germany

Inhalt / Contents / Sommaire

D-Dur / D major / Ré majeur

d-Moll / D minor / Ré mineur

A-Dur / A major / La majeur

a-Moll / A minor / La mineur

E-Dur / E major / Mi majeur

e-Moll / E minor / Mi mineur

Vorwort

Anton Diabelli – 1781 in Mattsee bei Salzburg geboren – wurde 1788 Chorknabe im Kloster Michaelbeuren, seit 1790 in der Salzburger Domkapelle, wo er Kompositionsunterricht bei Michael Haydn erhielt. Nach einem Studium an der Universität Salzburg trat er 1798 ins Zisterzienserkloster Raitenhaslach ein. Als das Kloster 1803 im Zuge der Säkularisierung aufgelöst wurde, ließ sich Diabelli als Komponist, Musiklehrer und Verleger in Wien nieder. Er komponierte unter anderem Opern, Kirchen- und Kammermusik. Berühmter als durch alle eigenen Werke wurde er durch das Werk eines anderen: Beethovens *33 Veränderungen über einen Walzer von Diabelli* op. 120. Anton Diabelli starb 1858 in Wien.

Mit den *Melodischen Übungsstücken* op. 149 für Klavier zu 4 Händen gelingt dem Komponisten und Klavierlehrer Anton Diabelli ein künstlerisch-pädagogischer Wurf; gibt es doch bis heute kaum einen Schüler oder Liebhaber, der die Stückchen nicht irgendwann in seiner Klavier-Laufbahn mit Vergnügen studiert hätte! Was macht den Erfolg des Werkes aus?

Der Komponist selbst betont den instruktiven Charakter der Stücke: „Übungsstücke" nennt er sie, beschränkt den Tonumfang bewußt auf den Quintraum und erspart so dem Schüler schwierige Sprünge und erleichtert ihm das Notenlesen; oft sind beide Hände parallel geführt. Die Stücke erscheinen nach Tonarten geordnet, behutsam führt der Spaziergang durch die gebräuchlichsten von ihnen. Über den Grundtönen c, g, f, d, a, e, werden Tonbilder in Dur und Moll vorgestellt, jeder Tonraum ist abgesichert, bevor man sich in neue Landschaften wagt. Dabei stellt jede der kleinen Kompositionen – bei aller selbst auferlegten Reduktion – ein Stück lebendige Musik dar. Dem Komponisten gelingen Miniaturen von intensiver Farbigkeit, indem er einen Parameter (Tonvorrat) beschränkt, alle anderen aber phantasievoll ausschöpft. Eine Fülle von Voraussetzungen des künstlerischen Klavierspiels werden so vom Schüler – fast nebenbei – mitgelernt:

- die Kunst der Klangbildung und des kantablen Spiels – wohl das Hauptlernziel des gesamten Werkes: in allen Stücken, besonders in den Nummern 1, 2, 5, 8, 9, 11, 12, 15, 18, 21, 24.
- rhythmische Sicherheit und lebendiges rhythmisches Gestalten: in allen Stücken, besonders komplex in den Nummern 7 (Triolen) und 27 (Doppelpunktierung).
- Anfänge der Virtuosität, Entwicklung von Fingerläufigkeit, Verzierungen: in den Nummern 4, 17, 20, 23, 25.
- Doppelgriff- und Akkordspiel: in den Nummern 4, 7, 9, 10, 13, 14, 17, 20, 21, 23, 25, 27.
- Beginn der Polyphonie: Nr. 10, 22, 28.
- Ansätze zu kammermusikalischer Selbständigkeit (Dialog): Nr. 14 (Trio), Nr. 16 (Scherzo) u. a.

- Empfindung und Darstellung von bestimmten Affekten und Charakteren: z. B. Scherzo, Marcia, Romanza, Polacca, Hongroise, Andante amoroso, Polonaise, Alla turca etc.
- Dynamische Differenzierung vom Pianissimo bis zum Fortissimo mit Zwischentönen

Die Stücke Nr. 4, 7, 10, 17, 20 und 25 sind wegen ihrer relativ selbständigen Begleitung auch solistisch denkbar. Zum echten musikalischen Erlebnis werden aber auch sie – wie alle anderen Stücke – durch die harmonisch farbigen und klanglich reichen „Secondo"-Parts. Die vollgriffigen Sätze lassen sich mit Erleichterungen (z. B. Weglassen von Tonverdopplungen) auch von kleinen Händen bewältigen. Gerade junge Schülerinnen und Schüler spielen den „schweren" Part des Lehrers mit besonderem Stolz.

Diabellis *Melodische Übungsstücke* haben auch 200 Jahre nach ihrem Erscheinen nichts von ihrer Faszination verloren, beweisen sie doch einmal mehr, daß nicht das Material an sich, sondern der kreative Umgang mit ihm die künstlerische Leistung darstellt.

Monika Twelsiek

Preface

Anton Diabelli was born in 1781 in Mattsee, near Salzburg. He became a choirboy at the monastery in Michaelbeuren in 1788, going on to become a chorister at the Cathedral in Salzburg, where he studied composition with Michael Haydn. After graduating from the University of Salzburg, he entered the Cistercian monastery of Raitenhaslach in 1798. When the monastery was closed with the dissolution of the Bavarian monasteries in 1803, Diabelli settled in Vienna as a composer, music teacher and publisher. His compositions included operas, church music and chamber music. Yet more than any of his own works, it was by virtue of the work of another that he attained the greatest fame: Beethoven's *33 Variations on a Waltz by Diabelli*, Op. 120. Anton Diabelli died in Vienna in 1858.

With the *Melodious Exercises* for Piano Duet, Op. 149, Diabelli the composer and piano teacher scored an artistic and pedagogical hit; to this day, there is surely hardly a piano student or amateur musician who has not had the pleasure of studying these little pieces at some point in their career as a pianist. What is it that lies behind the success of the work?

The composer himself underlined the instructive character of the pieces: he called them 'Exercises' and deliberately confined their compass to a fifth in each hand, thus sparing the student difficult leaps or stretches and making the music easy to read; often both hands play in parallel. The pieces are ordered according to their key, in a careful progression that leads the student gently through the most familiar keys. Sound pictures in major and minor keys are introduced by using the keynotes C, G, F, D, A and E, with each key being firmly established before venturing on to new territory. At the same time, each of these little compositions represents a lively musical creation, notwithstanding their self-imposed restrictions. The composer has succeeded in producing a collection of intensely vivid miniatures by fixing one parameter (using a limited number of notes) while embarking upon an imaginative exploration of every other possible aspect. The student can acquire a large number of the skills necessary for the art of playing the piano – almost incidentally:

- The art of tone production and cantabile playing - possibly the chief aim of the whole work: in all the pieces, especially in Nos. 1, 2, 5, 8, 9, 11, 12, 15, 18, 21, 24.
- A secure sense of rhythm and a lively feeling for rhythmic contours: in all the pieces, and in particular detail in No. 7 (triplets) and No. 27 (double dotting).
- First steps towards developing virtuoso technique, dexterity of the fingers, playing ornaments: in Nos. 4, 7, 9, 10, 13, 14, 17, 20, 21, 23, 25, 27.
- Playing several notes together and learning to play chords: in Nos. 4, 7, 9, 10, 13, 14, 17, 20, 21, 23, 25, 27.
- Beginning to deal with polyphony: Nos. 10, 22, 28.

- The first steps towards independent chamber music playing: including No. 14 (Trio) and No. 16 (Scherzo).
- An awareness and feeling for certain styles and 'character' pieces such as Scherzo, Marcia, Romanza, Polacca, Hongroise, Andante amoroso, Polonaise, Alla turca etc.
- Dynamic differentiation, from pianissimo to fortissimo, with the intermediate nuances.

The pieces numbered 4, 7, 10, 17, 20 and 25 may even be considered as solos, thanks to their relatively independent accompaniment. It is the vivid harmonies and rich sounds produced in the 'teacher's' part, however, which make them and all the other pieces, too, musically convincing. Those pieces indicating many notes to be played at once can be simplified so as to be managed even by small hands (by leaving out the doubling of notes, for instance). Young pupils take a special pride in playing the teacher's 'difficult' part.

Diabelli's *Melodious Exercises* have lost nothing of their charm, even 200 years after they first appeared, proving once more that artistic merit resides not in the material chosen, but in the creative approach used in relation to it.

Monika Twelsiek
Translation J. S. Rushworth

Préface

Anton Diabelli, né en 1781 à Mattsee, près de Salzbourg, devint en 1788 enfant de choeur au cloître de Michaelbeuren, à partir de 1790 à la chapelle de la Cathédrale de Salzbourg, où il suivit des cours de composition auprès de Michael Haydn. Après des études à l'université de Salzbourg, il entra en 1798 dans le cloître des Cisterciens de Raitenhaslach. A la dissolution du cloître, en 1803, dans le cadre de la sécularisation, Diabelli s'établit à Vienne (Autriche) en tant que compositeur, professeur de musique et éditeur. Il composa entre autres des opéras, de la musique religieuse et de chambre. Plus que par ses propres oeuvres, c'est par l'oeuvre d'un autre qu'il est devenu célèbre: les *33 variations sur une valse de Diabelli* de Beethoven, op. 120. Anton Diabelli mourut à Vienne (Autriche) en 1858.

Le compositeur et professeur de piano Diabelli réussit, avec ses *Melodische Übungsstücke*, ses Exercices mélodiques, op. 149, pour piano à 4 mains, un véritable lancement artistique et pédagogique; il n'est aujourd'hui presque aucun élève ou amateur qui n'ait étudié ces petits morceaux avec plaisir à un moment quelconque de sa carrière pianistique! Mais d'où provient le succès de cette oeuvre?

Le compositeur lui-même souligne le caractère instructif des morceaux: il les appelle des „exercices", limite consciemment l'étendue des sons à la quinte, épargnant ainsi à l'élève des sauts difficiles et lui facilitant la lecture des notes; les deux mains sont souvent menées parallèlement. Les morceaux sont ordonnés en fonction des tonalités, la promenade mène avec précaution à travers les plus habituelles d'entre elles. Les tonalités majeure et mineure sont présentées par l'intermédiaire des notes de base ut, sol, fa, ré, la, mi, chaque domaine tonal doit être consolidé avant de se risquer dans des contrées nouvelles. Ce faisant, chacune de ces petites compositions – malgré la réduction qu'elles s'imposent elles-mêmes – représentent un morceau de musique vivante. Le compositeur, en limitant un paramètre, l'espace tonal, pour exploiter pleinement tous les autres avec une grande imagination, réussit des miniatures d'une coloration intense. L'élève apprend ainsi – presque en passant – une foule de conditions d'une exécution pianistique artistique:

- l'art de la formation du son et du jeu cantabile – et c'est sans doute là l'objectif d'apprentissage principal de l'ensemble de l'ouvrage: dans tous les morceaux, en particulier aux numéros 1, 2, 5, 8, 9, 11, 12, 15, 18, 21, 24.
- l'assurance rythmique et la composition rythmique vivante: dans tous les morceaux, de manière particulièrement complexe aux numéros 7 (triolets) et 27 (double point).
- les débuts de la virtuosité, l'évolution de la souplesse des doigts, les ornements: aux numéros 4, 17, 20, 23, 25.
- le jeu de double corde et d'accords: aux numéros 4, 7, 9, 10, 13, 14, 17, 20, 21, 23, 25, 27.
- le début de la polyphonie: n° 10, 22, 28.

- les débuts de l'autonomie de musique de chambre (dialogue): no 14 (Trio), n° 16 (Scherzo) etc.
- le sentiment et la présentation de certaines émotions et caractères: par exemple Scherzo, Marcia, Romanza, Polacca, Hongroise, Andante amoroso, Polonaise, Alla turca etc.
- la différentiation dynamique, de pianissimo à fortissimo, en passant par les intermédiaires.

Les morceaux n° 4, 7, 10, 17, 20 et 25, en raison de leur accompagnement relativement autonome, peuvent également être envisagés en solo. Mais c'est par la partie „de l'enseignant", d'une sonorité riche et d'un coloris harmonieux, que ces morceaux, comme tous les autres d'ailleurs, deviennent véritablement un événement musical. Les phrases massives peuvent également être maîtrisées, avec quelques facilités (par exemple en laissant tomber les redoublements de notes), par de petites mains. Les élèves jeunes, en particulier, sont tout particulièrement fiers de jouer la partie „difficile" de l'enseignant.

200 ans encore après leur parution, les *Exercices mélodiques* de Diabelli n'ont en rien perdu de leur fascination, prouvant une fois de plus que ce n'est pas le matériau en soi, mais l'usage créateur que l'on en fait qui représente la véritable performance artistique.

Monika Twelsiek
Traduction Martine Paulauskas

Melodische Übungsstücke

Melodious Exercises · Pièces mélodiques

C-Dur / C major / Ut majeur

Secondo

Anton Diabelli
1781 - 1858

Melodische Übungsstücke
Melodious Exercises · Pièces mélodiques

C-Dur / C major / Ut majeur

Primo

Anton Diabelli
1781 - 1858

Moderato

Allegretto

5

7

13

18

23

Scherzo

Allegro

6

Trio

c-Moll / C minor / Ut mineur

Scherzo da capo al Fine

Scherzo

Allegro

Fine

Trio

c-Moll / C-minor / Ut mineur

Scherzo da capo al Fine

Tempo di marcia

7

Fine

Tempo di marcia

Fine

Trio

c-Moll / C minor / Ut mineur

Marcia da capo al Fine

Trio

c-Moll / C minor / Ut mineur

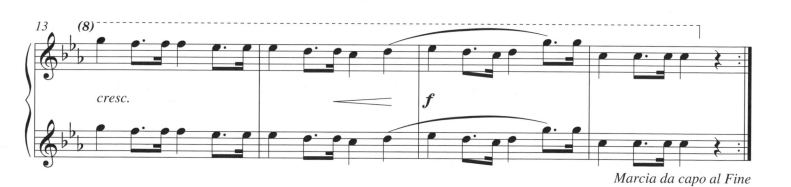

Marcia da capo al Fine

G-Dur / G major / Sol majeur

G-Dur / G major / Sol majeur

Moderato

8

9

Romanza

g-Moll / G minor / Sol mineur

Romanza

g-moll / G minor / Sol mineur

Andantino

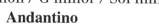

11

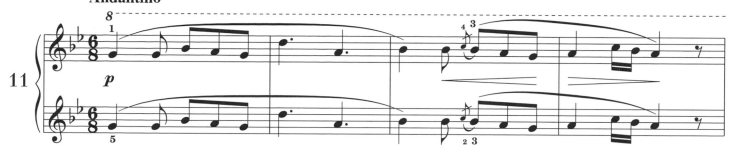

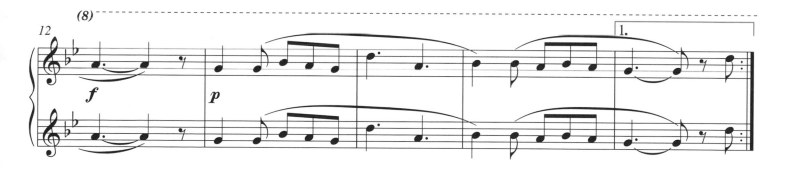

F-Dur / F major / Fa majeur

Polacca

Allegretto

Trio

f-Moll / F minor / Fa mineur

Polacca da capo al Fine

Polacca

Allegretto

Fine

Trio

f-Moll / F minor / Fa mineur

Polacca da capo al Fine

D-Dur / D major / Ré majeur
Andante cantabile

15

D-Dur / D major / Ré majeur

Andante cantabile

Scherzo

Allegro vivace

Fine

Scherzo

Fine

Trio

Scherzo D. C. al Fine
(senza replica)

Trio

Scherzo D. C. al fine
(senza replica)

Rondino

17

Rondino

d-Moll / D minor / Ré mineur

Andante cantabile

d-Moll / D minor / Ré mineur

Andante cantabile

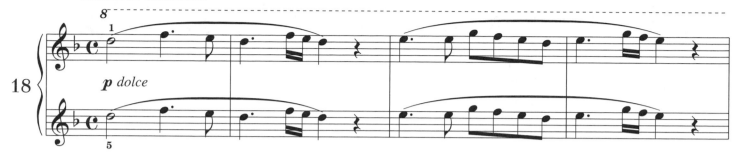

18

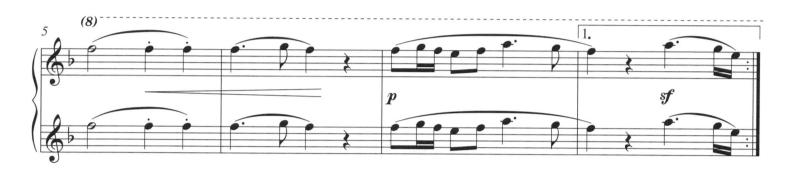

Allegretto

Hongroise

A-Dur / A major / La majeur

Andante amoroso

A-Dur / A major / La majeur

Andante amoroso

Allegretto

22

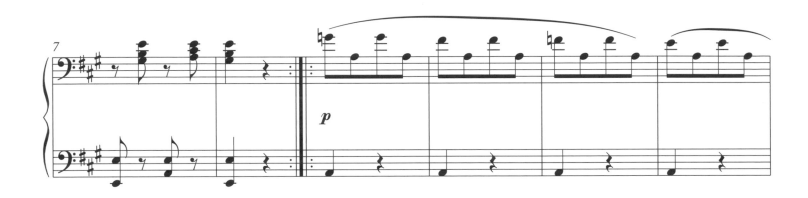

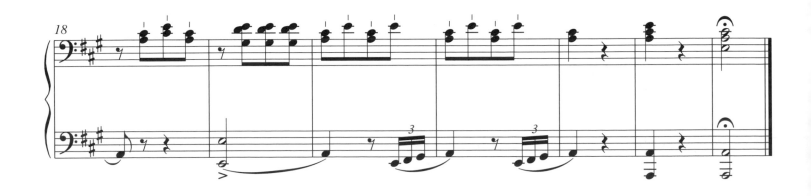

Allegretto

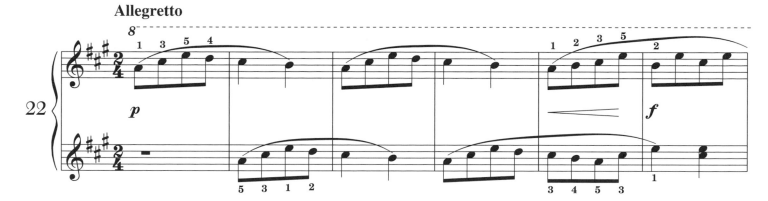

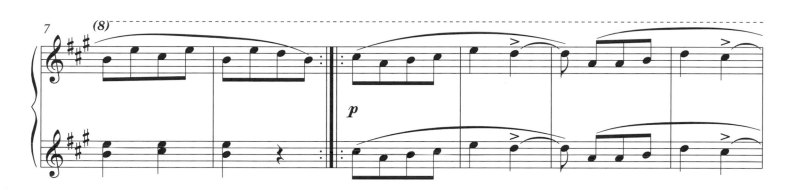

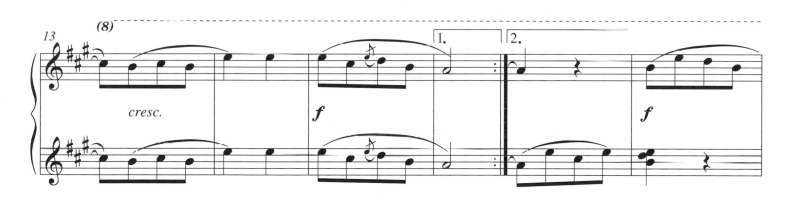

Polonaise

23

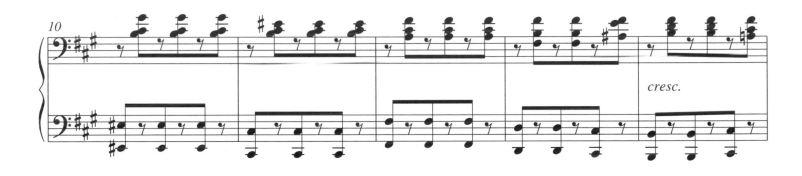

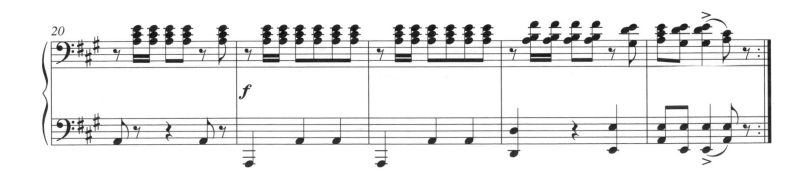

Polonaise

a-Moll / A minor / La mineur
Andante cantabile

a Moll / A minor /La mineur
Andante cantabile

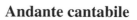

24

Allegro

Alla turca

Allegro

Alla turca

Allegro

E-Dur / E major / Mi majeur

E-Dur / E major / Mi majeur

e-Moll / E minor / Mi mineur

28

Allegro